GW00374739

I am *Grateful*

Daily Journal

Copyright ©Lisa Denniss

January 2021

www.lisadenniss.co.uk

I am *Grateful*

Daily Journal

Gratitude

Gratitude journaling can help you feel more positive and satisfied with your life. It also trains the brain to be more in tune with experiencing gratitude. It leads to better mental health, as dopamine releases in the brain every time you express gratitude. At first it might feel a bit strange writing these things down, because the brain doesn't like what's not familiar. Making journaling a habit will make it familiar to the brain.

Affirmations

Saying affirmations can really change the way you feel about yourself. We are often hard on ourselves, so changing that habit and being kind instead will change the way you feel about yourself. Think about what your mind really needs to hear: I am beautiful; I am enough; I have a successful business; I am a confident person. If you write down the same affirmation everyday, it will sink into your mind and you will start to believe it.

Date__/__/____

What is meant for me won't pass me by

3 Things I Am Grateful For Today

Affirmations

People I Am Thankful For Today

Goals

Date__/__/____

I believe in myself

3 Things I Am Grateful For Today

Affirmations

People I Am Thankful For Today

Goals

Date__/__/____

My past has shaped me into something wonderful

3 Things I Am Grateful For Today

Affirmations

People I Am Thankful For Today

Goals

Date__/__/____

I deserve to make money

3 Things I Am Grateful For Today

Affirmations

People I Am Thankful For Today

Goals

Date__/__/____

I am kind

3 Things I Am Grateful For Today

Affirmations

People I Am Thankful For Today

Goals

Date__/__/____

I find joy in the little things

3 Things I Am Grateful For Today

Affirmations

People I Am Thankful For Today

Goals

Date__/__/____

I will always keep trying

3 Things I Am Grateful For Today

Affirmations

People I Am Thankful For Today

Goals

Date__/__/____

I am becoming more peaceful and content each day

3 Things I Am Grateful For Today

Affirmations

People I Am Thankful For Today

Goals

Date__/__/____

I know my own self worth

3 Things I Am Grateful For Today

Affirmations

People I Am Thankful For Today

Goals

Date__/__/____

I accept who I am

3 Things I Am Grateful For Today

Affirmations

People I Am Thankful For Today

Goals

Date__/__/____

I believe in my dreams

3 Things I Am Grateful For Today

Affirmations

People I Am Thankful For Today

Goals

Date__/__/____

I only compare myself to myself

3 Things I Am Grateful For Today

Affirmations

People I Am Thankful For Today

Goals

Date__/__/____

I get stronger every day

3 Things I Am Grateful For Today

Affirmations

People I Am Thankful For Today

Goals

Date__/__/____

My now is not my forever

3 Things I Am Grateful For Today

Affirmations

People I Am Thankful For Today

Goals

Date__/__/____

I inspire people

3 Things I Am Grateful For Today

Affirmations

People I Am Thankful For Today

Goals

Date__/__/____

Money has a positive impact on my life

3 Things I Am Grateful For Today

Affirmations

People I Am Thankful For Today

Goals

Date__/__/____

I am loveable

3 Things I Am Grateful For Today

Affirmations

People I Am Thankful For Today

Goals

Date__/__/____

Be a game changer

3 Things I Am Grateful For Today

Affirmations

People I Am Thankful For Today

Goals

Date__/__/____

I choose to be happy and love myself today

3 Things I Am Grateful For Today

Affirmations

People I Am Thankful For Today

Goals

Date__/__/____

I love being me

3 Things I Am Grateful For Today

Affirmations

People I Am Thankful For Today

Goals

Date__/__/____

My possibilities are endless

3 Things I Am Grateful For Today

Affirmations

People I Am Thankful For Today

Goals

Date__/__/____

I am unique

3 Things I Am Grateful For Today

Affirmations

People I Am Thankful For Today

Goals

Date__/__/____

I am brave bold and beautiful

3 Things I Am Grateful For Today

Affirmations

People I Am Thankful For Today

Goals

Date__/__/____

I am confident

3 Things I Am Grateful For Today

Affirmations

People I Am Thankful For Today

Goals

Date__/__/____

Today is going to be a great day

3 Things I Am Grateful For Today

Affirmations

People I Am Thankful For Today

Goals

Date__/__/____

I am powerful

3 Things I Am Grateful For Today

Affirmations

People I Am Thankful For Today

Goals

Date__/__/____

Everything is working out for me

3 Things I Am Grateful For Today

Affirmations

People I Am Thankful For Today

Goals

Date__/__/____

My thoughts become my reality

3 Things I Am Grateful For Today

Affirmations

People I Am Thankful For Today

Goals

Date__/__/____

I believe in myself

3 Things I Am Grateful For Today

Affirmations

People I Am Thankful For Today

Goals

Date__/__/____

I am talented and intelligent

3 Things I Am Grateful For Today

Affirmations

People I Am Thankful For Today

Goals

Date __ / __ / ____

I am proud of myself

3 Things I Am Grateful For Today

Affirmations

People I Am Thankful For Today

Goals

Date__/__/____

I am becoming more confident everyday

3 Things I Am Grateful For Today

Affirmations

People I Am Thankful For Today

Goals

Date__/__/____

My voice matters

3 Things I Am Grateful For Today

Affirmations

People I Am Thankful For Today

Goals

Date__/__/____

I don't need to compare myself to others,
as I am enough

3 Things I Am Grateful For Today

Affirmations

People I Am Thankful For Today

Goals

Date__/__/____

I have inner strength

3 Things I Am Grateful For Today

Affirmations

People I Am Thankful For Today

Goals

Date__/__/____

I won't worry about things I cannot control

3 Things I Am Grateful For Today

Affirmations

People I Am Thankful For Today

Goals

Date__/__/____

I have so much to offer

3 Things I Am Grateful For Today

Affirmations

People I Am Thankful For Today

Goals

Date__/__/____

I am successful in everything I do

3 Things I Am Grateful For Today

Affirmations

People I Am Thankful For Today

Goals

Date__/__/____

I let go of negative thoughts and allow positive ones

3 Things I Am Grateful For Today

Affirmations

People I Am Thankful For Today

Goals

Date__/__/____

The power is within me

3 Things I Am Grateful For Today

Affirmations

People I Am Thankful For Today

Goals

Date__/__/____

One day, or day one?

3 Things I Am Grateful For Today

Affirmations

People I Am Thankful For Today

Goals

Date __/__/____

I will never give up on my goals and dreams

3 Things I Am Grateful For Today

Affirmations

People I Am Thankful For Today

Goals

Date__/__/____

I am perfectly imperfect

3 Things I Am Grateful For Today

Affirmations

People I Am Thankful For Today

Goals

Date__/__/____

I make a positive difference in the world

3 Things I Am Grateful For Today

Affirmations

People I Am Thankful For Today

Goals

Date__/__/____

I get stronger everyday

3 Things I Am Grateful For Today

Affirmations

People I Am Thankful For Today

Goals

Date__/__/____

Happiness is a choice

3 Things I Am Grateful For Today

Affirmations

People I Am Thankful For Today

Goals

Date__/__/____

Let go of negative self talk

3 Things I Am Grateful For Today

Affirmations

People I Am Thankful For Today

Goals

Date__/__/____

I love the person I am becoming

3 Things I Am Grateful For Today

Affirmations

People I Am Thankful For Today

Goals

Date__/__/____

What I am doing is enough

3 Things I Am Grateful For Today

Affirmations

People I Am Thankful For Today

Goals

Date__/__/____

I am on the right path

3 Things I Am Grateful For Today

Affirmations

People I Am Thankful For Today

Goals

Date__/__/____

I establish healthy boundaries

3 Things I Am Grateful For Today

Affirmations

People I Am Thankful For Today

Goals

Date__/__/____

I don't apologise for being me

3 Things I Am Grateful For Today

Affirmations

People I Am Thankful For Today

Goals

Date__/__/____

I don't waste energy worrying about the past

3 Things I Am Grateful For Today

Affirmations

People I Am Thankful For Today

Goals

Date__/__/____

I attract money easily and effortlessly

3 Things I Am Grateful For Today

Affirmations

People I Am Thankful For Today

Goals

Date__/__/____

I will look for the good in today

3 Things I Am Grateful For Today

Affirmations

People I Am Thankful For Today

Goals

Date__/__/____

Fear is only a feeling, it can't hold me back

3 Things I Am Grateful For Today

Affirmations

People I Am Thankful For Today

Goals

Date__/__/____

All I need is within me

3 Things I Am Grateful For Today

Affirmations

People I Am Thankful For Today

Goals

Date__/__/____

I am beautiful inside and out

3 Things I Am Grateful For Today

Affirmations

People I Am Thankful For Today

Goals

Date __/__/____

I only speak kindly to myself

3 Things I Am Grateful For Today

Affirmations

People I Am Thankful For Today

Goals

Date__ / __ / ____

My challenges help me grow

3 Things I Am Grateful For Today

Affirmations

People I Am Thankful For Today

Goals

Date__/__/____

I choose to be kind to myself

3 Things I Am Grateful For Today

Affirmations

People I Am Thankful For Today

Goals

Date__/__/____

My mistakes help me learn and grow

3 Things I Am Grateful For Today

Affirmations

People I Am Thankful For Today

Goals

Date__/__/____

I can control my own happiness

3 Things I Am Grateful For Today

Affirmations

People I Am Thankful For Today

Goals

Date__/__/____

I know people love and respect me

3 Things I Am Grateful For Today

Affirmations

People I Am Thankful For Today

Goals

Date__/__/____

I can make a difference

3 Things I Am Grateful For Today

Affirmations

People I Am Thankful For Today

Goals

Date__/__/____

Inhale confidence, exhale doubt

3 Things I Am Grateful For Today

Affirmations

People I Am Thankful For Today

Goals

Date__/__/____

Good things are going to come to me

3 Things I Am Grateful For Today

Affirmations

People I Am Thankful For Today

Goals

Date__/__/____

Today I choose to be confident

3 Things I Am Grateful For Today

Affirmations

People I Am Thankful For Today

Goals

Date__/__/____

I matter now and always

3 Things I Am Grateful For Today

Affirmations

People I Am Thankful For Today

Goals

Date__/__/____

My confidence grows
when I get out of my comfort zone

3 Things I Am Grateful For Today

Affirmations

People I Am Thankful For Today

Goals

Date__/__/____

I am brave

3 Things I Am Grateful For Today

Affirmations

People I Am Thankful For Today

Goals

Date__/__/____

My positive thoughts create positive feelings

3 Things I Am Grateful For Today

Affirmations

People I Am Thankful For Today

Goals

Date__/__/____

Everyday is a fresh start

3 Things I Am Grateful For Today

Affirmations

People I Am Thankful For Today

Goals

Date__/__/____

I can get through anything

3 Things I Am Grateful For Today

Affirmations

People I Am Thankful For Today

Goals

Date__/__/____

I am capable of so much

3 Things I Am Grateful For Today

Affirmations

People I Am Thankful For Today

Goals

Date__/__/____

I can do anything I put my mind to

3 Things I Am Grateful For Today

Affirmations

People I Am Thankful For Today

Goals

Date__/__/____

Done is better than perfect

3 Things I Am Grateful For Today

Affirmations

People I Am Thankful For Today

Goals

Date__/__/____

The greatest thing to do is to love myself

3 Things I Am Grateful For Today

Affirmations

People I Am Thankful For Today

Goals

Date__/__/____

I am letting go of my worries

3 Things I Am Grateful For Today

Affirmations

People I Am Thankful For Today

Goals

Date__/__/____

Releasing my stress is becoming easier

3 Things I Am Grateful For Today

Affirmations

People I Am Thankful For Today

Goals

Date__/__/____

I am thankful for everything I have

3 Things I Am Grateful For Today

Affirmations

People I Am Thankful For Today

Goals

Date__/__/____

I find joy in the little things

3 Things I Am Grateful For Today

Affirmations

People I Am Thankful For Today

Goals

Date__/__/____

Every part of me is beautiful

3 Things I Am Grateful For Today

Affirmations

People I Am Thankful For Today

Goals

Date__/__/____

My dreams are possible

3 Things I Am Grateful For Today

Affirmations

People I Am Thankful For Today

Goals

Date__/__/____

I'm filled with love for myself

3 Things I Am Grateful For Today

Affirmations

People I Am Thankful For Today

Goals

Date__/__/____

I deserve the best

3 Things I Am Grateful For Today

Affirmations

People I Am Thankful For Today

Goals

Date__/__/____

I make healthy habits

3 Things I Am Grateful For Today

Affirmations

People I Am Thankful For Today

Goals

Date__/__/____

I strive for progress, not perfection

3 Things I Am Grateful For Today

Affirmations

People I Am Thankful For Today

Goals

Date__/__/____

I am positive

3 Things I Am Grateful For Today

Affirmations

People I Am Thankful For Today

Goals

Date__/__/____

I easily attract positive energy

3 Things I Am Grateful For Today

Affirmations

People I Am Thankful For Today

Goals

Date__/__/____

I am powerful and fearless

3 Things I Am Grateful For Today

Affirmations

People I Am Thankful For Today

Goals

Date__/__/____

I deserve to make money

3 Things I Am Grateful For Today

Affirmations

People I Am Thankful For Today

Goals

Date__/__/____

I am strong

3 Things I Am Grateful For Today

Affirmations

People I Am Thankful For Today

Goals

I am *Grateful*

Daily Journal

January 2021

www.lisadenniss.co.uk

Designed by Lisa Jane

The Butterfly Creation

www.thebutterflycreation.com

5 chicken
1 lamb
2 chips
hellim

Printed in Great Britain
by Amazon